Rede an die Abiturienten des Jahrgangs 2003

Herausgegeben von *Ralph Schock*

Dieter Wellershoff

Die Frage nach dem *Sinn*

Gollenstein

Ich bin mir nicht im klaren darüber, vor welchem Hintergrund selbstverständlicher und für das Verstehen notwendiger Gemeinsamkeiten ich heute zu Ihnen spreche. Deutlicher sind, jedenfalls im Verhältnis zu meinen jungen Zuhörern, die beträchtlichen Unterschiede der Lebensgeschichte und des Alters, also das, was uns trennt. Aber als man mich gefragt hat, ob ich Interesse hätte, heute zu Ihnen zu sprechen, war das entscheidende Motiv meiner Zusage gerade diese Spannung der unterschiedlichen Erfahrungshorizonte. Denn wer man ist, was man denkt und unter welchen Voraussetzungen man sein Leben plant oder gelebt hat, das erkennt man ja nicht nur an den Übereinstimmungen, sondern vor allem an den Differenzen. Ich habe einen entsprechend formulierten, doppelten Auftrag bekommen, nämlich aus persönlicher Perspektive über ein frei gewähltes Thema zu sprechen, doch dabei nicht zu vergessen, wer meine „Zielgruppe“ sei, wie das heute heißt. Diesen zweiten Teil des Auftrags verstehe ich nicht als Ermahnung, mich einem begrenzten Verstehenshorizont anzupassen, sondern umgekehrt als einen Hinweis darauf, daß meine Zuhörer junge, intelligente Menschen sind, die mit dem

Abschluß ihrer Schulzeit einen großen, entscheidenden Schritt ins Erwachsenenleben hinein getan haben und neugierig sind auf die Herausforderungen, die die Zukunft für sie bereithält. Zu diesen Menschen, sagte ich mir, kannst du nicht über irgendein beliebiges Thema sprechen, sondern nur über das existentiell Anstehende – ihr künftiges Leben in einer hochkomplexen, sich ständig verändernden Welt.

Damit Sie wissen, von welchen Erfahrungen meine Urteile geprägt sind, muß ich von einem Geschehen sprechen, das ich als meine Zweite Geburt betrachte.

Es war das Ende des Zweiten Weltkrieges, an dem ich noch etwa zwei Jahre lang, von siebzehn bis neunzehn Jahren, als Soldat teilgenommen habe. In den wechselnden Szenarien von Front, Lazarett und Gefangenschaft und unter dem Eindruck des Massensterbens in den vergeblichen Abwehrschlachten, in denen mein Jahrgang und die noch folgenden verheizt wurden, wie es damals hieß, und schließlich während der Massenpanik des Kriegsendes, in der sich die einst glorifizierte Macht in lauter flüchtende Gruppen und Einzelexistenzen auflöste, hatte sich in mir die Überzeugung gefestigt, daß das Kollektiv der Wahnsinn sei. Vor dem finsteren Hintergrund dieser Erfahrungen hob sich allerdings strahlend die wunderbare Tatsache ab, daß ich entgegen allen Wahrscheinlichkeiten zufällig am Leben geblieben war.

Vor allem in dem Moment, in dem ich im Frühsommer 1945 von der Ladefläche eines Lastwagens heruntersprang, der mich aus dem Gefangenenlager in meinen Heimatort gebracht hatte, durchfuhr mich das heftige Glücksgefühl, daß ich lebte und frei war, mein Leben selbst in die Hand zu nehmen, weil niemand etwas von mir erwartete oder über mich verfügte. Alle Belastungen der folgenden Jahre – Armut, Hunger, das Fehlen von Perspektiven – waren unbedeutend im Vergleich zu dieser Tatsache, die mich als das einzig Wesentliche erfüllte. Angesichts der Möglichkeit des Nichtseins war Leben die Letztbegründung für alles. Diese Gewißheit – das Geschenk einer historischen Nullpunktsituation, die im Existenzialismus ihren philosophischen Ausdruck fand – hat mich im Grunde nie verlassen.

Sie wurde natürlich später, in der sich wieder formierenden Gesellschaft der Nachkriegsjahrzehnte, durch die Notwendigkeit, sich einen Platz im Leben zu schaffen, von realistischen Überlegungen überbaut. Und entsprechend meiner eigenen Erfahrungen wurde der alltägliche Kampf der Menschen um einen Platz in der Welt und die damit verbundenen Gefahren des Irrtums und des Scheiterns das vielfach variierte Thema meiner Bücher. Aber die Faszination, mit der ich auch bizarre und illusionäre Versuche, sich ein eigenes Leben zu schaffen, betrachtete und beschrieb, hing immer noch mit dem existentialistischen

Ursprungsmotiv zusammen, daß es im Leben jedes Menschen um das eigene Selbst-sein-können geht. Alle Überwölbungen des Lebens durch politisch-ideologische, geschichtsphilosophische oder religiöse Rationalisierungen und Sinnzumutungen waren mir dagegen suspekt.

Als 1989 die DDR wie ein Kartenhaus zusammenbrach, hatte ich das Glück, zufällig in Leipzig zu sein und bei einer der großen Montagsdemonstrationen mitzuerleben, wie die allgemeine Begeisterung über das sich abzeichnende Ende der staatlichen Macht die Menschen verwandelte. Die bisher eher geduckt und kontrolliert wirkenden DDR-Bürger strahlten auf einmal so viel emotionale Kraft, Begeisterung und Freiheitswillen aus, daß ich mich spontan an mein eigenes Glücksgefühl bei Kriegsende erinnerte. Was ich hier sah und hörte, die brennenden Kerzen in allen Fenstern längs des Demonstrationsweges und die kraftvollen Sprechchöre, die das wankende Regime herausforderten und verhöhnten, war auch die festliche, revolutionäre Geburt eines neuen, selbstgewählten Lebens, die ich so nie für möglich gehalten hatte.

Bald danach lernte ich allerdings bei einem Schriftstellertreffen in Berlin auch einige deprimierte Menschen kennen, die klagten, daß sie ihre Lebensperspektive verloren hätten. Ihnen stellte sich der Freiheitsgewinn vor allem als Orientierungs- und Sinnverlust dar.

Ich antwortete ihnen, halb ernst, halb scherzhaft, daß der Zusammenbruch einer machtgestützten Ideologie eine ausgezeichnete Chance für die Menschwerdung sei. Die Formulierung lehnte sich an Kants berühmte Definition der Aufklärung an, die er als den Ausgang des Menschen aus seiner selbstverschuldeten und von politischen und religiösen Mächten geförderten Unmündigkeit beschrieben hat.

So, fand ich, konnte man den politischen Umbruch, der sich vollzogen hatte, auch verstehen, denn der laute Ruf der Demonstranten „Wir sind das Volk" hieß ja: Nicht die Regierung, nicht die Partei, sondern wir selbst sind die Instanz, die entscheidet, wie wir in Zukunft leben werden.

Trotz dieser mitreißenden Begeisterung war mir klar, daß der plötzliche Übergang aus einer reglementierten und ideologisch gesteuerten Lebensordnung in eine offene Gesellschaft, die den Menschen ein hohes Maß an Selbstbestimmung abverlangt, für viele nicht einfach sein würde. Schließlich hatte ich auch in der florierenden alten Bundesrepublik immer wieder Menschen erlebt, die an diesem Anspruch gescheitert waren.

So besuchte mich einmal ein Philosophiestudent aus Münster in Westfalen, der mich telefonisch um ein Interview gebeten hatte. Eigentlich hatte ich gar keine Zeit übrig, weil ich dabei war, ein Buch zu Ende zu schreiben. Aber ich hörte eine Dringlichkeit aus seiner Bitte heraus, die mich veranlaßte, ihm einen Termin zu geben. Der Besucher stellte sich als ein steifer, etwas gehemmter Mensch von schätzungsweise dreißig Jahren heraus, der sich zwölf Fragen auf einem Zettel notiert hatte, die er mich nacheinander abfragte. Ich merkte, daß er sich gut in meinen Büchern auskannte und mir lauter Fragen stellte, die er sich auch selbst hätte beantworten können. Aber zum Schluß fragte er mich: „Wie kann man eigentlich leben, wenn man wie Sie an nichts glaubt?“ Die Frage verblüffte mich, weil sie eine pauschale Unterstellung enthielt. Aber als Ausgangspunkt konnte ich sie akzeptieren. Und so antwortete ich, zum Leben brauche man keine Begründung. Es sei sein eigener Sinn und begründe sich selbst. Man müsse ja auch nicht begründen, daß man atmet. – Mir war bewußt, daß das eine ungeduldige und keine erschöpfende Antwort war. Darum sagte ich noch: „Alle höheren Interessen und Motive fußen auf dieser elementaren Gewißheit, daß Leben der erste und oberste Wert ist. Und sie müssen auch daran gemessen werden."

Das hätte der Anfang eines Gespräches sein können. Aber er sah mich nur an und sagte: „So sehe ich das eigentlich auch." Und dann verabschiedete er sich, so daß ich keinen Anlaß hatte, ihn festzuhalten, um seine Frage nach dem Sinn ausführlicher zu beantworten. Ich hätte das ohnehin nicht normativ tun können. Wären wir ins Gespräch gekommen, hätte ich vielleicht gesagt, seine Frage nach einem Leben ohne Sinn verfehle meiner Meinung nach das Problem, da es doch zu allen Zeiten ein Übermaß an Sinnproduktion gegeben habe. Denn da der Mensch, im Unterschied zu den Tieren, nicht mit einer festen Programmierung geboren werde, sondern sozusagen zu allem fähig sei, müsse er selbst entscheiden, wer er sein wolle und wie er leben wolle. Bewußt oder unbewußt beantwortet er mit seiner Wahl auch die Frage nach dem Lebenssinn. Und zwar immer auch vor dem Hintergrund anderer Möglichkeiten, anderer Perspektiven. Deshalb ist die Sinnfrage die Streitfrage schlechthin vom Religionskrieg bis zur Ehekrise, von der politischen Verfolgung Andersdenkender in totalitären Regimen oder islamischen

Gottestaaten bis hin zum Konformitätsdruck innerhalb der unterschiedlichen Gruppen unserer Konsumgesellschaft in Fragen der Mode und des Lebensstils.

Neulich habe ich mir erklären lassen, daß der neue Trend, Jeanshosen so zu tragen, daß sie wie ein Faltenbalg aussehen und das Gesäß beängstigend tief in Richtung der Kniekehlen herunterhängt, ein optisches Zitat ist, nämlich eine Anspielung auf die Insassen amerikanischer Gefängnisse, denen aus Sicherheitsgründen, zur Verhinderung von Selbstmorden, die Gürtel abgenommen werden. Ich nehme an, daß die meisten Jugendlichen, die diesem Modestil huldigen, seine ursprüngliche Bedeutung nicht kennen, ihn aber keineswegs für eine rein sachliche Art sich zu kleiden halten. Denn dazu ist er zu auffällig oder auch zu anstößig. Wahrscheinlich handelt es sich für sie um eine neue aktuelle Art von Protestschlamperei, die sich gegen die geltenden Normen des guten Geschmacks und des ordentlichen Aussehens richtet. Es ist ein Gesinnungszeichen wie es zum Beispiel zu ihrer Zeit die Pilzköpfe der Beatles waren, die damals als ein Symptom bedenklicher jugendlicher Ungebundenheit noch manche Erwachsene schockierten, dann eine weit verbreitete Mode wurden und heute als nostalgisches und künstlerisches Flair in den schulterlangen ergrauten Haaren vereinzelter Mitfünfziger weiterleben, während längst schrillere Zeichen aufgetaucht sind wie der orangefarben oder grasgrün gefärbte Irokesenschnitt oder die radikale Verweigerung und Aggressivität signalisierende Glatze. Immer wieder entstehen solche Zeichen, die innerhalb der herrschenden Konformitäten Distanz und Unterscheidung ankündigen und gleichzeitig neue Konformitäten begründen. Man schart sich hinter sie wie hinter Fahnen oder Vereinssymbole. Die meisten Menschen wollen ja sozial kenntlich sein und ihre Zugehörigkeit zu einer Gruppe, einer Gemeinschaft signalisieren, denn das gibt ihnen ein Gefühl von Sicherheit in einer als fremd und unüberschaubar erlebten Welt. Im Grunde gilt das auch für die immer zahlreicher werdenden vandalistischen Täter, die die

Fensterscheiben öffentlicher Verkehrsmittel zerkratzen oder Parkbänke unbrauchbar machen. Zerstörungen öffentlichen Eigentums sind aufdringliche Haßzeichen, die man nicht übersehen kann. Sie sind sinnfällig in ihrem Widersinn. Indem sie lauter Dinge zerstören, die für alle da sind und das Leben angenehm machen, geben die Täter zu erkennen, daß sie sich in der Lebensordnung der Mehrheit nicht aufgehoben fühlen und sich demonstrativ außerhalb von ihr stellen. Ob sie dabei im Kitzel der Gefahr, entdeckt zu werden, ihre Destruktivität als sonst nie erlebte Macht genießen oder nur aus dumpfer Wut oder bloßer Langeweile handeln, immer scheinen sie dabei instinktiv einem Impuls zu folgen, der in den

Zeiten der RAF und anderer gleichzeitiger Protestbewegungen zu der Parole erhoben wurde: „Macht kaputt, was euch kaputt macht.“ Nur daß die Erleichterung versprechende Aggression sich jetzt unpolitisch und ziellos auf neutrale Dinge richtet, gegen die vernünftigerweise niemand etwas haben kann. Der eigentliche Sinn des aggressiven Aktes ist die Abwehr oder die Durchbrechung lähmender Depression.

Mein scheuer Besucher, der so schnell wieder gegangen war, wie jemand, der nicht stören wollte, hatte diese Möglichkeit der Depressionsabwehr nicht. Dazu war er viel zu kultiviert. Er konnte den Druck der Welt nicht zurückgeben, sondern mußte ihn erleiden, auf die Gefahr hin, von Gefühlen des Scheiterns zermalmt zu werden. Ihm drohte eine seelische Implosion. Das drückte sich auch in seiner Frage aus, wie man ohne Sinn leben könne, die im Klartext lautete: Wie kann man leben ohne ein festes, bergendes Sinngehäuse, das einen gegen den Druck der Welt schützt?

Er hatte seine Frage aus Not gestellt, aber im Voraus wissend, wie ich darüber dachte. Meine Anwort, das Leben verstehe sich von selbst, war die von ihm erwartete Antwort. Und wie er sagte, dachte er genauso. Also hatte er wohl gehofft, durch mich in seinen eigenen Ansichten bestärkt zu werden. Aber für ihn war die Antwort nicht lebbar. Es fehlte ihm die vitale Evidenz.

Ungefähr ein Jahr nach unserem kurzen Gespräch erfuhr ich, daß sich mein Besucher umgebracht hatte. Sein Bruder, der es mir mitteilte, gab mir eine Kopie seines Tagebuches. Es war der radikale Selbsterforschungstext eines hochintelligenten Menschen, dem es nicht gelungen war, im Leben Fuß zu fassen. Weder hatte er geschafft, seinen Lebensunterhalt zu verdienen, so daß er von seinem streng katholischen Elternhaus, von dem er sich geistig weit entfernt hatte, materiell abhängig geblieben war, noch hatte er, gelähmt von schweren Hemmungen, jemals eine sexuelle Beziehung zu einer Frau gefunden. Das hatte seine Selbstachtung allmählich unterhöhlt. Jeden Sommer, in der Jahreszeit der Reife und Fülle, suchten ihn schwere Depressionen heim. Und in seiner panischen Angst vor dem nächsten Sommer wurde ein unerwarteter letzter Wintereinbruch für ihn das unwiderstehliche Zeichen, nun endlich Schluß zu machen. Er fuhr ins Gebirge, legte sich in eine Tannenschonung und ließ sich einschneien. Es war ein stiller Kältetod, den er lange geplant hatte, ein mehrdeutiges Zeichen, mit dem er Abschied nahm.

Ich will hier nicht versuchen, die Seelenlähmung dieses begabten und ehrgeizigen Menschen psychologisch zu erklären. Sie hatte massive familiäre Ursachen, die im Tagebuch angedeutet sind. Doch glaube ich, daß seine Unfähigkeit, die seinem Alter entsprechenden beruflichen und sexuellen Entwicklungsziele zu erreichen, nur deshalb die tödliche Konsequenz bekommen hat, weil auch er trotz aller intellektuellen Kritik durch und durch geprägt war von einer Gesellschaft, in der erfolgreiche Selbstverwirklichung den obersten Wert darstellt. Noch die im Tagebuch sich häufenden abfälligen Bemerkungen über das ihn umgebende Leben sind kenntlich als Versuche, die Negativität der eigenen Erfahrungen in einer allgemeinen totalen Negation aufzuheben, ganz im Sinne von Adornos berühmtem Diktum, daß es kein richtiges Leben im falschen gebe. Lange Zeit war dieser Satz ein Lieblingszitat feinsinniger Gesellschaftskritik, weil er eine überlegene Einsicht in die universelle Unglückslogik der Welt verriet, aus der man auch eine Art Trost gewinnen konnte.

Aber stimmt die Behauptung? Ist sie nicht eine universalistische Abstraktion? Ich denke, es hat überall und zu allen Zeiten mitten im sogenannten falschen Leben richtiges Leben gegeben, Enklaven von Glück, Zufriedenheit, Selbstgewißheit und menschlicher Solidarität, Momente überstandener Gefahr, gestillter Begierden, belohnter Mühe, gegenseitiger Anerkennung, neuer Zuversicht und Hoffnung. Wenn das nicht so wäre, hätte die Menschheit ihre Katastrophengeschichte nicht überleben können.

Mir fällt in diesem Zusammenhang der „Roman eines Schicksallosen“ des ungarischen Nobelpreisträgers Imre Kertész ein, der als Vierzehnjähriger nach Auschwitz und später nach

Buchenwald kam. Kertész beschönigt nichts in seiner Schilderung der Todes- und der Arbeitslager, aber er verschweigt nicht, daß es auch dort Glücksmomente gegeben hat, zum Beispiel eine Kelle warmer Suppe vom Grund des Kessels, wo sich das Feste sammelt, das Einschlafen nach der Arbeit, gelegentlich ein Gespräch mit einem Mitgefangenen. Es war einfach überlebenswichtig, sich auf die Umstände, die man nicht ändern konnte, einzustellen, und, wie Kertész es formuliert, „ein guter Gefangener zu sein." Es gab eben nicht mehr den Gegensatz von richtigem und falschem Leben, sondern nur den von Leben und Tod.

So war es im übrigen auch im Krieg. Die Lebensprobleme vereinfachten sich radikal und schrumpften zu der Gewißheit zusammen, daß man bereit und fähig war, nahezu um jeden Preis zu leben. Ich glaube, dies war die Ursache dafür, daß es trotz schwerster Belastungen so gut wie keine Neurosen gab.

Ich erinnere mich an Gespräche im Gefangenenlager, in denen es darum ging, wie man sich eine akzeptable Zukunft vorstellte. Das Glücksmodell, auf das wir uns einigten, da es sich von unserer aktuellen Situation geradezu utopisch unterschied, war ein kleines heizbares Zimmer mit einem richtigen Bett, eine warme Mahlzeit am Tag und ab und zu der Besuch einer Frau. Die Raucher bestanden außerdem auf einer Tagesration von fünf Zigaretten.

Bald danach, in der zweiten Hälfte der vierziger und zu Anfang der fünfziger Jahre, als ich studierte, ging diese Utopie tatsächlich in Erfüllung. Genauso lebte ich damals. Und obwohl die Mansarde, in der ich hauste, winzig und unheizbar war und das Essen in den ersten Semestern knapp und von fragwürdiger Qualität, war ich zufrieden, um nicht zu sagen glücklich. Nachträglich ist mir klar geworden, wie frei und wie entspannt dieses Leben war. Es gab keine Zukunftssorgen, weil noch keine Zukunft in Sicht war, und so studierte man nur um des Studierens willen. Sozial gesehen gab es keinen Anlaß, vergleichend nach oben und zur Seite zu blicken, weil alle ähnlich bescheiden lebten. Deshalb gab es auch weniger Anpassungszwänge und weniger Gruppendruck. Jeder mußte improvisieren, um mit den praktischen Notwendigkeiten des Alltags zurechtzukommen. Jeder war, wie das später hieß, ein Einzelkämpfer. Aber man kannte sich untereinander, denn es gab noch nicht die anonymen Studentenmassen heutiger Universitäten. Und es gab auch noch nicht jene verkappte Form sozialer Obdachlosigkeit, die man Parkstudium nennt, wenn man es nicht so sehen will, daß wir alle geparkt waren. Obwohl wir alle mehr oder minder am Rand des Existenzminimums lebten, gab es weniger Angst als heute, weniger Studienabbrecher, weniger fundamentale Zweifel.

Ich will das primitive Leben in der Trümmerwelt der ersten Nachkriegsjahre keineswegs verklären. Es war ein Teilrückfall in die Lebenspraxis vormoderner oder archaischer Zeiten, der allerdings von den Menschen klaglos gemeistert wurde, dank eines Anpassungsmechanismus, den die Psychologie „Senkung des Anspruchsniveaus" nennt. Er ist von zentraler Bedeutung für das Überleben im Auf und Ab der Geschichte und in den Wechselfällen des privaten Lebens. In elementaren persönlichen Notsituationen funktioniert er eigentlich immer. Nicht aber auf der Ebene der gesellschaftlichen Entscheidungen. Seit langem kann man das an den schwierigen Versuchen beobachten, die Gesellschaft durch Einschnitte in ihr immer üppiger ausgebautes Sozial- und Rentensystem und durch energische Durchforstung des steuerlichen Privilegien- und Subventionsdschungels so zu reformieren, daß sie unter den veränderten Bedingungen des Weltmarktes und der demographischen Entwicklung überlebensfähig bleibt. Alle reden darüber, daß es notwendig ist, aber alle an der Entscheidungsbildung beteiligten Institutionen – Gewerkschaften, Interessenverbände und die Wahlstrategen der Parteien – zerren an der zu kurz gewordenen Decke und betreiben Besitzstandwahrung, weil man offenbar in den langen Jahrzehnten des schnellen Wirtschaftswachstums und der Vollbeschäftigung nur eine Art von Konsensbildung eingeübt hat: die Verteilung von Überschüssen. Der umgekehrte Weg, die Verteilung von Verlusten, wird als eine gespenstische

Bedrohung tabuisiert und ist angesichts der bekannt gewordenen gigantischen Abfindungen für Manager, die ihre Unternehmen in den Ruin geführt haben, für die arbeitslose Bevölkerung auch schwer erklärbar geworden. So bleibt am Ende nur das Wunschdenken übrig, es werde bald wieder aufwärtsgehen. Natürlich wäre es das Einfachste, wenn es sich so ergäbe. Aber man hat keinen Anspruch darauf, daß die Geschichte einfach ist und den eigenen Wunschträumen folgt, schon gar nicht, wenn man nichts dafür tut, es ein wenig wahrscheinlicher zu machen.

Ich will deshalb auch hier keine Zukunftsprognose versuchen, sondern nur auf die unleugbare und schwerwiegende Tatsache hinweisen, daß wir nicht nur eine konjunkturelle, sondern eine strukturelle Arbeitslosigkeit haben, die sich aus der fortschreitenden Globalisierung der Wirtschaftsprozesse ergeben hat, vor allem aber damit zusammenhängt, daß der technische Fortschritt nicht nur die einfachen Tätigkeiten für ungelernte Arbeiter weitgehend abgeschafft hat, sondern auch auf den mittleren Ebenen der Betriebe immer mehr Leute überflüssig macht. Heute können viele Firmen große Teile ihrer Belegschaft entlassen und dabei nicht nur ihre Gewinne, sondern auch noch ihre Produktivität steigern. Und sie müssen es tun, weil sie im globalen Maßstab mit vergleichbaren Unternehmen im Wettbewerb stehen, die in der Regel auch noch den Vorteil billigerer Arbeitskräfte haben. Um das klassische Beispiel für den Rationalisierungszwang zu zitieren: einen Heizer auf der E-Lok kann man sich auf die Dauer nicht leisten. So werden immer mehr Leute in die Arbeitslosigkeit oder in die Unterbeschäftigung abgedrängt – man kann auch sagen, zu Lasten der schon längst überlasteten Sozialsysteme von den Betrieben entsorgt. Andere dagegen – Führungskräfte, Selbstständige, gefragte Spezialisten – müssen nicht selten einen zehn- oder zwölfstündigen Arbeitstag in Kauf nehmen und einen großen Teil ihrer noch verbleibenden freien Zeit beim Joggen oder beim Yoga oder vielleicht auch beim Golf zur Wiederherstellung ihrer Fitness verwenden. Auch das ist ein Aspekt der fortschreitenden Rationalisierung. Am langsamsten dringt sie in die Büros öffentlicher Verwaltungen ein, wo es immer noch die Gemütlichkeitsreservate kollegialer Kaffeepausen gibt.

Man kann den sozialen Wandlungsprozeß, der sich vollzieht, als ein mehrstufiges Geschehen beschreiben. Die Klassengesellschaft der ersten Industrialisierungsphase mit ihren schroffen Gegensätzen und strukturellen Konflikten wurde schrittweise abgepolstert durch den entstehenden Sozialstaat und dabei allmählich von ihm aufgesogen. Das war nicht nur eine Verbesserung der Lebensqualität, sondern auch der Produktivität, da es viele Menschen, die als sozial Ausgebürgerte in den Schattenzonen der Armut und des Elends gelebt hatten, in die Gesellschaft integrierte. Dann allerdings trat das Schildkrötensyndrom ein. Durch immer üppigere Sozialleistungen und gesetzliche Regelungen wurde der Schutzpanzer gegen die Unberechenbarkeiten des Lebens allmählich so schwer, daß sich das System kaum noch bewegen kann. Das stellt sich inzwischen als ein Nachteil für sein Überleben heraus, der die Vorzüge zu überwiegen beginnt und am Ende zunichte machen kann.

Trotzdem kann man feststellen, daß sich im geschützten Raum des Sozialstaates neben unproduktivem Anspruchsdenken und Versorgungsmentalitäten auch individuelle Lebensformen, Bildungsansprüche und Differenzierungsbedürfnisse entwickelt haben, die Treibkräfte des sich unaufhaltsam vollziehenden Übergangs in eine viel stärker individualistisch geprägte Gesellschaft sind. Der neue, in den letzten Jahrzehnten vermehrt in Erscheinung tretende und das gesellschaftliche Leben immer mehr bestimmende Menschentyp wird vielleicht am anschaulichsten durch den Wechselwähler repräsentiert, der die traditionelle Gesinnungsbindung und Parteitreue der Stammwähler durch eigene autonome Wahlentscheidungen von Fall zu Fall ersetzt hat. Selbstbestimmung, Selbstregierung ist sein persönliches Postulat. Denn er sieht sich nicht mehr einer Welt gegenüber, die durch große traditionelle weltanschauliche Bezugsrahmen verbindlich vorgeordnet ist, sondern bewegt sich, um allseitige Orientierung bemüht, in einer prismatisch zersplitterten Welt aus lockenden Möglichkeiten und unkalkulierbaren Risiken und Nebenwirkungen, die noch dazu in ständiger Bewegung und Veränderung begriffen ist.

Die Medien inszenieren im Meinungsstreit ihrer diversen Talkshows, in persönlichen Befragungen mehr oder minder kompetenter Zeitgenossen und widerprüchlichen Expertenexpertisen den Zusammenhalt der Gesellschaft in Form einer Dauerreflexion, die das Gefühl verstärkt, daß alles mehrdeutig und veränderbar ist und alles mit allem zusammenhängt, und zwar in den globalen Dimensionen einer mehr und mehr zusammenwachsenden und von neuen Konflikten gespaltenen und bedrohten Welt.

Das sind komplexe und auch widersprüchliche Umstände, in denen Intelligenz, Wissen, selbstständiges Urteilen und die Fähigkeit, sich auf neue Anforderungen und neue Menschen einzustellen, Voraussetzungen des Erfolges sind. Und so möchte ich annehmen, das Sie, die Sie gerade mit herausragenden Ergebnissen Ihr Abitur gemacht haben und vermutlich in der Mehrzahl anschließend noch studieren werden, gute Aussichten haben, zu den Gewinnern der Situation zu gehören. Da aber das Abitur ursprünglich auch den anspruchsvollen deutschen Namen einer Reifeprüfung trug, möchte ich versuchsweise andeuten, was man denn heute unter Reife verstehen kann. Ich denke, es ist die Verbindung eines sicheren Gefühls und Bewußtseins für das, was einem selbst gemäß ist, mit einer offenen Wahrnehmung der berechtigten Ansprüche, die die anderen Menschen, die nahen und die ferneren, und auch die übrige Welt an einen haben. Selbstverwirklichung, das modische Losungswort der letzten Jahrzehnte, ist nämlich nicht zu verwechseln mit Egomanie, sondern vollzieht sich als Selbstüberschreitung in der Hingabe an eine Aufgabe, die man sich selbst gestellt oder übernommen hat. Nur so entwickelt sich ein persönlicher Lebenssinn. Ich habe Ihnen heute von meinen Lebenserfahrungen, ihren Brüchen und Krisenzeiten erzählt, um Ihnen ein Gefühl dafür zu geben, daß das Leben gerade deshalb grandios ist, weil es durchaus nicht immer ein Spaß ist.

Sie brechen nun auf in eine Zukunft, die ich nicht mehr sehen werde und mir auch nicht vorstellen kann. Aber ich habe nicht die Mentalität mancher älterer Leute, die sagen „Nach mir die Sintflut“ oder „Was nach mir kommt, geht mich nichts mehr an.“ Nein, ein solcher Gedanke erschiene mir wie eine rückwirkende Verneinung auch aller eigenen Lebensanstrengungen. Sinnvoll können sie nur bleiben, wenn dank der Lebensarbeit neuer Generationen die Geschichte weitergeht. Es ist wie ein Staffellauf. Sie werden den Stab in die Hand bekommen und weitertragen. Dazu wünsche ich Ihnen viel Glück.

Nachwort

Das „existentiell Anstehende“ ist das umfassende Thema dieser Rede Dieter Wellershoffs vor Abiturienten des Jahrgangs 2003: die Frage nach dem Sinn des Lebens, die Frage nach dem Sinn des eigenen Lebens.

Wellershoff berichtet von seiner „Stunde Null“ im Frühsommer 1945 mit dem Glücksgefühl des Überlebenden, eine Erfahrung, die in der Hinwendung zum Existentialismus ihren philosophischen Ausdruck fand. Er denkt nach über Enklaven von Solidarität, Zuversicht und Hoffnung in dunkelster Zeit, über Nischen richtigen Lebens im falschen. Und er fragt nach den Bedingungen für die Ausbildung eines persönlichen Lebenssinns in einer unüberschaubar gewordenen Welt.

Die Reihe „Abiturreden“ ist eine gemeinsame Veranstaltung des Ministeriums für Bildung, Kultur und Wissenschaft, des Saarländischen Rundfunks und der Union-Stiftung. Sie greift eine alte Tradition in Deutschland auf, die sogenannte Schulrede. Viele bekannte Autoren des 18. Jahrhunderts haben solche Ansprachen gehalten, darunter Jean Paul, Johann Gottfried Herder und Friedrich Schiller. Die Ursache dafür, daß die Tradition der Schulrede später abbrach, ist hauptsächlich in ihrer nationalistischen Instrumentalisierung im 19. und frühen 20. Jahrhundert zu suchen.

Die Reihe begann 1999 mit einer Ansprache von Wilhelm Genazino zum Thema „Rechtsradikalismus und Zivilcourage" („Fühlen Sie sich alarmiert").

Ein Jahr später hielt Birgit Vanderbeke vor Merziger Abiturienten eine medienkritische Rede mit dem Titel „Ariel oder der Sturm auf die weiße Wäsche".

2001 dachte die rumäniendeutsche Autorin Herta Müller nach über den unterschiedlichen Charakter von Grenzen, die Freiheiten des Kopfes und der Füße, – und über die Verwandlung der Dinge beim Wechsel von einer Sprache zur nächsten („Heimat ist das, was gesprochen wird").

Schließlich suchte im vergangenen Jahr Guntram Vesper in seiner Rede nach den Bezirken des Humanen in einem unwirtlich gewordenen Land („Wer ertrinkt, kann auch verdursten").

Ralph Schock

Satz Alexander Detambel
Schrift Weidemann Medium
Papier EOS Werkdruck 120 g, 2-faches Volumen
Druck SDV, Saarbrücker Druckerei und Verlag GmbH
Bindung Buchbinderei Schwind, Trier

Vortrag 27. 6. 2003, Landesakademie
für musisch-kulturelle Bildung Ottweiler

Sendung 1. 7. 2003, SR 2 KulturRadio,
20.04 bis 21.00 h, Literatur im Gespräch

Printed in Germany
ISBN 3-935731-48-5

In gleicher Ausstattung liegen die Abiturreden der Jahre 2000, 2001 und 2002 bei Gollenstein vor:

Birgit Vanderbeke
Ariel oder Sturm auf die weiße Wäsche
56 Seiten, ISBN 3-933389-44-5

Herta Müller
Heimat ist das, was gesprochen wird
48 Seiten, ISBN 3-935731-08-6

Guntram Vesper
Wer ertrinkt, kann auch verdursten
Vom Überleben eines gelösten Rätsels
72 Seiten, ISBN 3-935731-33-7